PRAKTISCHER RATGEBER IN FARBE

ROSEN ZÜCHTEN UND PFLEGEN

MICHAEL GIBSON

Unipart-Verlag · Stuttgart

Originaltitel: „Roses“

Lizenzausgabe für UNIPART-Verlag GmbH,
Remseck bei Stuttgart, 1988
Printed in Hongkong
ISBN 3 8122 3098 4

INHALT

EINLEITUNG

Auch wenn über ihren Ursprung keine genauen Kenntnisse vorliegen, ist die Rose, deren alter Name Rosa lautet, seit Jahrhunderten die beliebteste aller Blumen, als deren Königin man sie seit jeher bezeichnet. Sie ist Symbol für Liebe und Zartheit, und sie begegnet uns auf vielen Bildern und Dekorationen als zentrales Motiv. Keine andere Pflanze vermag so viele unterschiedliche, prachtvolle Blütenfarben hervorzubringen. Damit ist sie für den Hobbygärtner ideal geeignet. Dieses Buch gibt viele nützliche Ratschläge, wie man sie im eigenen Garten erfolgreich züchtet, und stellt die bekanntesten Rosen vor.

DIE WICHTIGSTEN SORTEN

Zur Familie der Rosen zählt eine Vielzahl der unterschiedlichsten Sorten. So gibt es welche, die in ihrer Zwergwüchsigkeit nur eine Höhe von 15 cm erreichen, während bestimmte Kletterpflanzen es sogar auf 12 und mehr Meter Länge bringen können. Die Blüten der Rosen gehören in ihrer unübersehbaren Zahl unterschiedlicher Farben und Größen zu den vielseitigsten des ganzen Pflanzenreiches; nahezu das ganze Farbspektrum ist vertreten — außer Blau. Einige Rosenarten tragen sogar mehrfarbige Blüten in den zartesten Nuancen. Kein Wunder also, daß die Rosen die beliebtesten Pflanzen sind, die viele Freunde haben und internationale Wettbewerbe die interessantesten Züchtungen in ihren Mittelpunkt stellen.

LINKS Die Teehybride „Fragrant Cloud" erreicht eine mittlere Höhe. Ihre Blüten sind stark duftend.

UNTEN „Silver Jubilee", ebenfalls eine Teehybride, wächst niedriger und ist eine ausgezeichnete Schnittblume.

Zwei Gruppen der Rosen sind besonders geschätzt und finden sich daher in vielen Gärten. Es handelt sich um die Teehybriden und die Floribundarosen.

Teehybriden (großblütig) Die aufrecht wachsenden Sträucher tragen große, wohlgeformte Blüten. Häufig bildet sich nur eine Blüte an einem Stengel, mitunter entwickeln sich aber auch kleine Büschel. Die Höhe variiert zwischen etwa 75 cm und 1,2 m. Ein „herausragendes" Beispiel für die höherwachsenden Sorten ist die „Peace"; die meisten anderen Teehybriden sind hingegen mehr am unteren Ende der Größenskala anzusiedeln, wie die „Silver Jubilee" und „Fragrant Cloud".

Die erste Teehybride, „La France", wurde bereits im Jahre 1867 in Frankreich gezüchtet, so daß diese weit verbreitete Gruppe auf eine lange Geschichte zurückblicken kann.

Floribundarosen (Blütenbüschel) Diese Gruppe, die früher als Polyantha-Hybride bekannt war, ist wesentlich neueren Ursprungs als die der Teehybriden. Obgleich ihre heutige Form schon Anfang der 20er Jahre eingeführt wurde, erlangte sie erst gegen Ende der 50er Jahre größere Popularität. Zu der Zeit fand sie eine rasche Verbreitung, da in den 50er Jahren vorwiegend geruchslose Rosen als modern galten. Dabei hatten die Floribundarosen gegenüber den nach wie vor stark süßlich riechenden Teehybriden einen großen Vorteil, denn ihre Vorfahren gehörten zu den Rosen mit lediglich schwacher Duftnote.

Floribundarosen entwickeln aufrechte Sträucher von gleichem Wuchs, wie ihn die Teehybriden aufweisen. Die Blüten der Floribunda-Sorte erscheinen jedoch in Büscheln, die mitunter zwanzig oder mehr Blüten tragen. Diese sind einfach, halbgefüllt oder gefüllt und wunderschön geformt.

Die Pflanzen erreichen — ähnlich wie die Teehybriden — eine Höhe von ungefähr 75 cm bis 1,2 m, wobei die „Queen Elizabeth“ eine ungewöhnliche Ausnahme darstellt: Sie kann innerhalb kurzer Zeit bis zu 2,4 m hoch werden!

OBEN Die „Margaret Merril“ ist eine typische Floribunda mittlerer Höhe.

RECHTS Die Gallische Rose „Officinalis“, die Red Rose of Lancaster, ist äußerst winterhart.

Eine weitaus typischere Vertreterin der Floribundarosen mit durchschnittlicher Wuchshöhe ist die „Margaret Merril“, und eine vorwiegend niedrigwachsende Art repräsentiert die „Wishing“, die eine Höhe bis zu 60 cm erreichen kann.

Strauchrosen Diese Art kann in zwei Gruppen unterteilt werden: die „alten Gartenrosen“ und die „modernen Strauchrosen“. Die Unterscheidung zwischen diesen beiden Gruppen wurde gegen Ende des vorigen Jahrhunderts von Fachleuten gezogen.

Viele Vertreter der Strauchrosen sind sogenannte Wild- oder Spezies-Rosen, von denen alle modernen Sorten abstammen. Bei ihnen entwickeln sich große Sträucher, an denen einzelne Blüten wachsen, die aber nur im Hochsommer oder früher erscheinen.

Nahezu alle alten Rosen tragen ihre einmalige Blüte über einen Zeitraum von vier bis fünf Wochen — mit Ausnahme der Bourbon-, Portland- und Chinarosen und der Hybriden.

Zu den nur einmal blühenden Familien zählen in historischer Reihenfolge die Gallischen Rosen, die Damaszener-Rosen, die Centifolias und die Moosrosen. Die Einmalblühenden, für die als interessante Beispiele die R. gallica „Officinalis“, The Red Rose of Lancaster,

LINKS Die moderne Strauchrose „Fred Loads“ blüht wiederholt und ähnelt einer großen Floribunda — ideal geeignet für gemischte Rabatten.

UNTEN Zahlreich erscheinen die Blüten der Zwergstrauchrose „Ballerina“.

R. x alba „Semi-plena“, The White Rose of York und die Original-Kohlrose R. x centifolia stehen, sind sehr hübsch, aber auch stark vermischt. Von ihnen darf man allerdings nicht die wohlgeformten Blüten der modernen Rose und auch keinen völlig aufrechten Stand erwarten: Der Wuchs ist im allgemeinen unkontrolliert, und die mit einfachen und stark duftenden Blättern ausgestatteten Blüten bilden sich flach oder becherförmig. Einige Arten tragen nach Beendigung der Blütezeit farbenprächtige Hagebutten.

Moderne Strauchrosen blühen mehrmals. Zu dieser Gruppe gehört die Familie der Rugosa, vertreten durch die weinrote „Roseraie de l'Hay“ und die Moschushybriden mit der rosafarbenen „Felicia“. Eine große Zahl der Strauchrosen, wie „Fred Loads“ und „Chinatown“ sind große Floribundarosen und zu groß, um für Beete verwendet zu werden.

Auch sind die vielseitigen modernen Strauchrosen durch Zwergsorten vertreten, zu deren bekanntesten Arten die „Ballerina“ mit apfelblütenähnlichen Blättern zählt.

Kletterrosen Man muß zwischen Kletter- und Rankrosen unterscheiden. Kletterrosen haben recht große Blüten, angeordnet in kleinen Büscheln. Die modernen Arten blühen wiederholt. Sie bringen ein dauerhaftes Gerüst von Trieben hervor. Rankrosen dagegen bilden jedes Jahr neue, flexible Triebe und sind daher leichter zu ziehen. Sie blühen nur einmal im Jahr; die verhältnismäßig kleinen Blüten bilden sich in großen Büscheln.

Gewissermaßen sind Kletterrosen rankende Varianten der Buschrosen, so ist beispielsweise eine „kletternde Iceberg“ — welche übrigens zu den besten Arten mit wiederholter Blüte gehört — eine Variante der Floribunda „Iceberg“.

Eine der beiden Rosenarten aber liegt zwischen einer Rank- und einer Kletterrose: die zeitig blühende und sehr ansehnliche „Albertine“. Sie hat recht große Blüten in kleinen Büscheln an aufrecht wachsenden, steifen Stengeln und wächst nur einmal im Jahr.

Zwergrosen sind Miniaturreplica ihrer größeren Verwandten, bei denen die kleinste Pflanze nicht mehr als 15 cm hoch wird: Sie stammen von einer kleinen Rose aus China ab, die rosa Blüten trägt, deren frühe Sorten aber weiße und weiß-rosa Blüten zeigten. Nachdem sie mit Floribundarosen gekreuzt wurden, erscheinen zahlreiche andere Farben, ebenso nahm die Wuchshöhe der Pflanzen zu. Moderne Zwergrosen sind meistens 30 bis 38 cm hoch. Bei einigen Zwergrosen erscheinen Blüten, die den Anschein erwecken, als seien sie für die Pflanze zu groß; der Stengel ist aber kräftig genug, um die Blüten zu tragen.

Einige Züchter sind der Ansicht, daß die Zwergrosen auch wegen ihres luftigen und delikaten Wuchses nicht so winterhart wie die Rosen voller Größe sind. Diese Überlegung ist zwar naheliegend, sie trifft aber auf die meisten Arten nicht zu.

Bodenbedeckende Rosen Diese Rosen sind von ihrer Entwicklung her betrachtet vergleichsweise jung, obgleich einige der sogenannten Bodendecker bereits schon seit längerer Zeit bekannt sind. Die meisten von ihnen, wie R. x paulii, sind flächig wachsende, kriechende Arten, die eine größere Bodenfläche bedecken, aber auch bis zu 1,2 m hoch werden können — obwohl diese Wuchshöhe seltener vorkommt.

OBEN *Rosa wichuraiana* wird bei der Entwicklung zahlreicher bodenbedeckender Arten verwendet und ist selbst ein ausgezeichneter Bodenbedecker.

LINKS „Max Graf“, eine kräftige Rugosa-Hybride, ist eine der früheren Arten bodenbedeckender Rosen.

ROSEN IM GARTEN ZÜCHTEN

Floribundarosen und Teehybriden sind für eine Beetbepflanzung ausgezeichnet geeignet, da jede Sorte in etwa gleich hoch wird. Außerdem blühen diese Rosen ununterbrochen über einen langen Zeitraum hinweg. Die Floribunda bietet zusätzlich einen für Ihren Garten interessanten Vorzug: Sie entwickelt pro Pflanze eine Unmenge von Trieben, an denen sich Blüten bilden.

Teehybriden und Floribundarosen werden am besten auf getrennten Beeten gepflanzt. Ideal ist eine großzügige Gruppenpflanzung, um ein zu unruhiges Bild zu vermeiden. Man kann aber auch andere Blumen mit den Rosen gemischt pflanzen.

Es bleibt Ihrem persönlichen Geschmack überlassen, ob Sie mehrere Sorten vermischt pflanzen oder es bei einer Sorte belassen. Um jedoch ein allzu unruhiges Erscheinungsbild in Ihrem Garten zu vermeiden — nicht alle Sorten blühen zu genau der. gleichen Zeit —, sollte man jede Art für sich in Gruppen von vier oder fünf Pflanzen anlegen.

Auch sollten Sie darauf achten, daß die Farben der Blüten miteinander harmonisieren. Eine rosafarbene Rose wie „Wendy Cussons" sollte möglichst nicht neben einer leuchtend roten Art wie „Summer Holliday" gepflanzt werden, da ein zu starker Kontrast entstünde. Pastelltöne eignen sich beispielsweise gut als Trennung zwischen Farben, die nicht so recht zueinander passen.

Berücksichtigen Sie auch die zu erwartenden Wachstumshöhen, damit keine zu großen Höhenunterschiede entstehen. Eine Rose wie „Alexander" ins gleiche Beet zu pflanzen wie beispielsweise „Dutch Gold", wäre nicht optimal: Die erstgenannte erreicht eine Höhe von 1,2 m, während die letztere nur bis zu 75 cm hoch wird, also deutlich kleiner gedeiht.

Rosenhecken Einige der hochwüchsigen Floribundarosen und Teehybriden können hübsche Hecken ergeben. Dazu zählen „Alexander“ und Sorten wie „Anne Harkness“, „Southampton“ und die seit langem beliebte „Peace“.

Für eine höhere Hecke sollten Sie „Queen Elizabeth“ wählen. Wenn Sie allerdings einen Sichtschutz erzielen wollen, sind alle genannten Arten versetzt zu pflanzen, um eine ausreichende Dichte zu schaffen.

Eine wesentlich dichtere Hecke erhält man aber, indem man einige Strauchrosen pflanzt, die erheblich höher werden als so manche andere Sorte: Zur Familie der Rugosa gehören ideale „Heckensorten“, die alle schönes und gegen Krankheiten widerstandsfähiges Laub, das bis zum Erdboden reicht, bilden. Sie blühen ununterbrochen vom Frühsommer bis zum Herbst, und einige tragen im Herbst sogar sehr dekorative Hagebutten. Am allerbesten davon sind „Roseraie de l'Hay“ mit ihren weinroten, gefüllten Blüten (jedoch ohne Hagebuttenbildung) oder die etwas niedrigere, bis zu 1,2 m Höhe erreichende „Frau Dagmar Hartopp“ mit ihren zartrosa Blüten, denen Hagebutten folgen.

Die Moschushybriden wie „Felicia“ und „Penelope“ können ebenfalls gute Hecken bilden. Sie müssen jedoch mei-

Die Rugosa „Frau Dagmar Hartopp“ bildet eine ausgezeichnete Hecke. Dekorative Hagebutten folgen den Blüten.

Die Moschushybriden wie „Penelope“ geben ebenfalls gute Hecken ab, sie müssen jedoch durch Anbinden an Drähten zwischen den Trieben in Grenzen gehalten werden, da sie sonst zuviel Platz beanspruchen. Moschushybriden verströmen einen angenehmen Duft und blühen wiederholt.

LINKS Bögen und Pergolas sind ausgezeichnete Stützen für Kletter- und Rankrosen. Die Pflanzen mögen die gute Luftzirkulation ringsherum. Sorten mit mäßigerem Wuchs sind für diese Zwecke ideal.

UNTEN Die Kletterrose „Golden Showers“ eignet sich ausgezeichnet für Pflanzungen an Mauern und anderen Stützen, wie einem Bogen oder einer Pergola.

stens durch Anbinden mit Drähten „gezähmt“ werden, da sie andernfalls zu breit werden und zuviel Raum beanspruchen.

Sowohl die Rugosa als auch die Moschushybriden sind Strauchrosen, die sehr gut aussehen, wenn man sie in eigenständigen Gruppen oder mit anderen Strauchrosen gemischt pflanzt.

Die Rugosa und die Moschusrosen blühen wiederholt. Zahlreiche andere Sorten, die damit nicht dienen können (z. B. die Rose x alba „Maxima“), wirken aber dennoch durch ihre äußerst attraktive grau-grüne Belaubung sehr interessant.

Viele Spezies haben hübsches, farnähnliches Laub und eignen sich gut für Einzelbepflanzungen auf einem Rasen oder als Blickfang auf einem Beet.

Eine ganz besondere Dekoration erzielen Sie durch Stammrosen, besonders durch die hängenden Sorten, bei denen die Krone von einer Kletterrose gebildet wird. Bei diesen Sorten hängen die langen und biegsamen Triebe und reichen bis zum Boden hinunter. Die Pflanze ist reichlich mit interessanten Blüten bedeckt.

Stammrosen vermitteln innerhalb einer Pflanzung von Beetrosen, die entweder in einer Reihe in der Mitte eines langen Beetes oder als Gruppe in einem runden oder quadratischem Beet angelegt wurde, einen hohen Eindruck. Dabei können die verschiedenen Sorten auch unterschiedliche Höhen erreichen. Besonders attraktiv wirken Stammro-

sen, wenn man sie in Größenabstufungen hintereinanderpflanzt, wobei die kürzerwüchsigen Arten oder Strauchrosen möglichst im vorderen Teil plaziert werden sollten.

Die Farbe kann man bei den Stammrosen als Ergänzung oder als Gegensatz zu der Farbe der übrigen Bepflanzung wählen — Ihrer Phantasie sind keine Grenzen gesetzt.

Kletterrosen und Rankrosen Für sie sind — wie ihr Name schon verrät — alle Plätze gut geeignet, an denen sie gut klettern und ranken können. Man kann sie aber auch an freien Stellen zu Bögen, Pergolas oder Säulen ziehen. Für die letztgenannte Pflanzart eignen sich moderne Kletterrosen ganz besonders — ein Beispiel ist die „Golden Showers", die äußerst hochwüchsig ist und bis zu 2,4 m erreichen kann. Eine ganz besonders schnellwüchsige Art wie die „Mermaid" überrankt eine Säule schon innerhalb kürzester Zeit.

Das Ziehen einiger der schnellwüchsigen Kletterrosen an Bäumen vermittelt besonders dann einen ausgezeichneten Anblick, wenn die Blütenkaskaden von den Zweigen bis zum Boden reichen. Sie sollten aber einen Baum von ausreichender Größe und vor allem Stabilität dazu auswählen.

Miniaturrosen Besonders dekorativ machen sie sich in Steingärten oder auch als Einfassung von mit Rosen oder anderen Blumen bepflanzten Beeten. Aber auch in Trögen und Schalen gedeihen diese Pflanzen ausgezeichnet, sobald sie regelmäßig bewässert werden. Durch die Gefäße heben sie sich vom Boden ab und wirken dadurch höher.

Wenn Zwergrosen in Hochbeeten gezogen werden, sind sie für das Auge des Betrachters besser erreichbar, und ihre perfekt geformten Blüten und Blätter kommen besser zur Geltung.

DER RICHTIGE EINKAUF

Falls Sie vor dem Einkauf von Rosen für Ihren Garten ganz sicher gehen wollen, welche Sorte für Sie am besten geeignet ist, welche Rose Ihnen optisch am besten gefällt, sollten Sie sich verschiedene Pflanzen, die in Parks und Grünanlagen gedeihen, in regelmäßigen Abständen über einen längeren Zeitraum ansehen. So können Sie am besten beurteilen, wie sie sich tatsächlich in der freien Natur verhalten, und Sie vermeiden spätere unschöne Überraschungen.

Zugegeben: Es ist nicht ganz einfach, sich bei der Fülle von angebotenen Rosen zurechtzufinden und die für sich „optimale Pflanze" herauszufinden. Einige Züchter und Anbieter haben Schaugärten, in denen Sie sich die Pflanzen sogar in ihrer natürlichen Umgebung ansehen können, doch meistens befinden sich die Pflanzen dort in ihrem ersten Lebensjahr, so daß Sie keinen Eindruck von der „erwachsenen" Pflanze bekommen können. Der Vorteil, sie sich in öffentlichen Anlagen anzusehen, wo sie meist beschildert sind, liegt darin, daß die Pflanzen oftmals bereits ausgewachsen sind. Mit ein wenig Phantasie können Sie sich vorstellen, wie sich die jeweiligen Sorten hinsichtlich ihres Aussehens und ihrer Größe in Ihrem Garten machen würden.

Der Kauf aus einem Katalog kann auch zufriedenstellend sein, wenn man es mit einem Fachhandel zu tun hat. Jedoch ist er immer mit einem gewissen Risiko verbunden, denn Farbabbildungen sind nicht immer in einer der Natur entsprechenden Qualität. Besonders die gedruckt abgebildeten Rottöne können täuschend wirken: Das, was man ur-

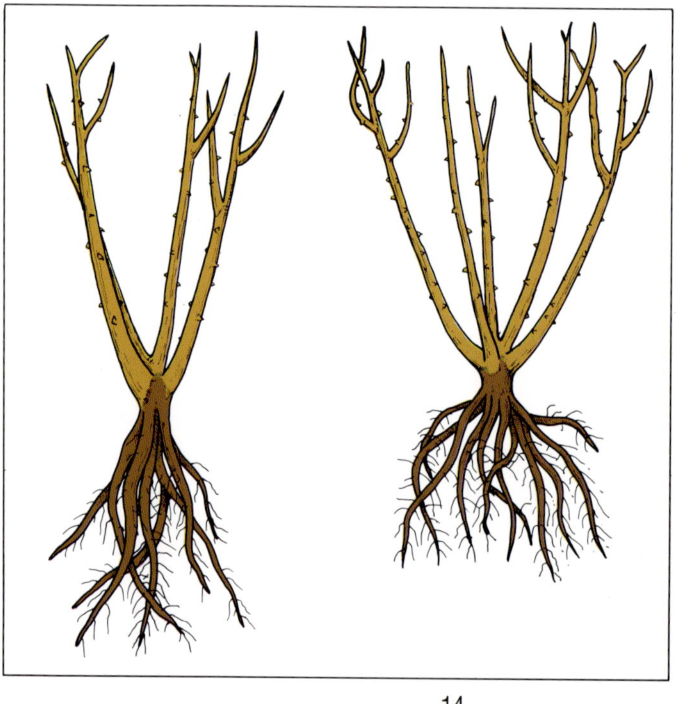

Teehybriden, Floribundarosen und Strauchrosen sollten ein gut ausgebildetes, faseriges Wurzelsystem und mindestens zwei kräftige und aufrechte Triebe in Bleistiftdicke aufweisen.

LINKS AUSSEN Kletter- und Rankrosen sollten ähnliche Eigenschaften wie die Buschrosen haben, jedoch müssen die Triebe etwa 45 cm lang sein. Mindestens zwei Triebe sind notwendig, ideal sind drei oder vier.

LINKS Beim Kauf von Rosen in Behältern ist zu prüfen, ob die Pflanze einwandfrei gezogen wurde.

sprünglich gemäß der Katalogabbildung für ein leuchtendes Rot hielt, entpuppt sich im eigenen Garten dann als Rosa, Voilett oder eine Mischung aus beidem!

Ein weiteres Problem können die unzureichenden Informationen über die Eigenschaften der Rosenarten sein. Sie wissen also nicht immer, ob die Rose, die Sie bestellen, gegen bestimmte Schädlinge und/oder Krankheiten empfindlich ist, oder ob sie auch unbeständigem Wetter zu widerstehen vermag. Das ist von den Versandfirmen durchaus keine böse Absicht, denn die Krankheitsanfälligkeit kann — wie auch die Wetterbeständigkeit — von Region zu Region erheblich unterschiedlich sein. Mitunter ist dies sogar von Garten zu Garten im Hinblick auf die Qualität des Pflanzbodens der Fall. Fazit: Man sollte also die Pflanze, die man in den eigenen Garten setzen will, selbst und in ihrer natürlichen Umgebung gesehen haben.

Der Kauf der besten Sorten Unabhängig von einer guten Bezugsquelle sollten die Rosen gewisse Voraussetzungen erfüllen, um Ihnen Freude machen zu können:

- Teehybriden, Floribundarosen und Strauchrosen sollten ein gut ausgebildetes, faseriges Wurzelsystem und mindestens zwei starke und aufrechte Triebe von Bleistiftdicke haben. Drei oder vier Triebe sind ideal.
- Das gleiche gilt für Kletterrosen. Bei ihnen sollten die Triebe jedoch länger belassen werden, etwa 45 cm lang.
- Bei Stammrosen ist auf doppelten Ansatz zu achten, das heißt, daß die Triebe oben am Haupttrieb aus zwei verschiedenen Ansätzen entspringen müssen.

Alle diejenigen Rosensorten, die diesen Ansprüchen nicht genügen, verdienen es nicht, als erstklassige Pflanzen bezeichnet zu werden.

Der Kauf von Rosen in Behältern bietet den großen Vorteil, daß sie zu fast jeder Zeit gepflanzt werden können. Achten Sie hier aber darauf, daß die Wurzeln nicht gekürzt wurden.

Rosen gedeihen an fast jedem Standort hervorragend, vorausgesetzt, daß sie täglich über mehrere Stunden direkte Sonne erhalten. Sie entwickeln sich auch in den meisten Böden gut. Ideal ist jedoch ein mittelschwerer Lehmboden, der Feuchtigkeit gut hält, aber auch hinreichend durchlässig und leicht säurehaltig ist — etwa 6,5 pH. Es ist ein Gerücht, daß Rosen tonreichen Boden besonders bevorzugen, obgleich sie sich in Ton, der nicht zum Vernässen neigt, auch wohlfühlen.

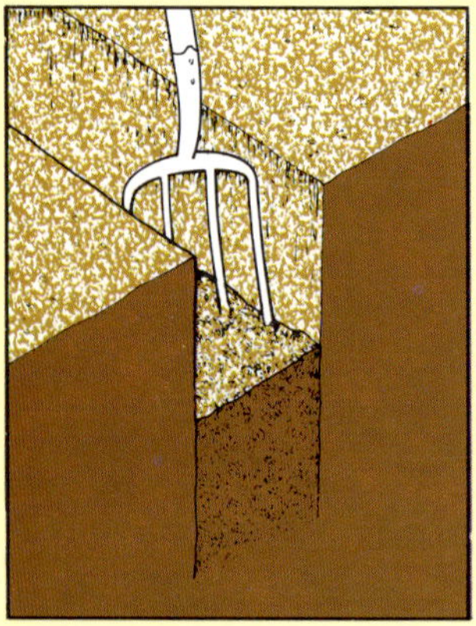

Holländern: den Boden vor jedem Graben ausheben, Dünger einbringen.

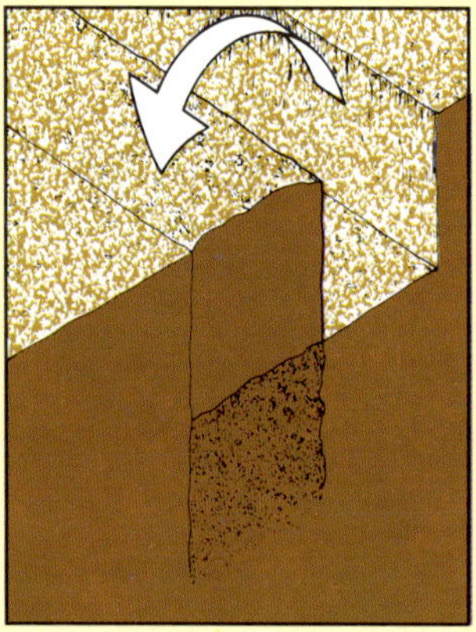

Den nächsten Graben ausheben, die Erde in den nächsten Graben werfen.

Den Boden nochmals in voller Gabeltiefe ausheben und auf diese Weise fortfahren.

Der Boden. Wenn der Boden schwer ist und Zweifel bezüglich der Drainage bestehen, sollte er zwei Spaten tief gelockert werden, wobei reichlich Torf und Kompost einzuarbeiten ist. Ein tonhaltiger Boden kann durch den Zusatz von Kalziumsulphat mit 1,4 kg/m^2 verbessert werden. Nitrokalk mindert den Säuregehalt, Torf und Laubkompost erhöhten ihn. Achten Sie bei dieser „Bodenveredelung“ auf jeden Fall auf die angemessene Dosierung.

Die Rosen werden lange an ihrem Standort verbleiben und über viele Jahre Freude spenden. Daher sollten Sie ihre neue Heimat sorgfältig vorbereiten. Erforderliche Umgrabearbeiten sind zwei bis drei Monate vor der beabsichtigten Pflanzung durchzuführen, damit der Boden sich wieder rechtzeitig setzen kann und die Bakterien ihre Arbeit an den eingebrachten organischen Stoffen beginnen.

Das Pflanzen. Alle vorgenannten Vorbereitungen sind bei der Pflanzung eines neuen Beetes für ein gutes Wachstum der Pflanzen erforderlich.

Pflanzen Sie niemals neue Rosen in ein Beet, auf dem über mehrere Jahre Rosen gezogen worden sind, da der Boden „rosenmüde“ geworden ist. Er müßte sonst entweder ausgewechselt oder sterilisiert werden, und beide Möglichkeiten sind nicht gerade einfache Arbeiten.

Einzelne Rosen in einem angelegten Beet können Sie ersetzen, indem Sie ein Pflanzloch von etwa 45 cm Durchmesser und Tiefe ausheben und frische

Erde zusammen mit der neu zu pflanzenden Rose einbringen.

Der ideale Monat für die Pflanzung ist der November, obgleich Rosen mit bloßen Wurzeln jederzeit auch während ihrer Ruheperiode gepflanzt werden können, solange der Boden nicht gefroren oder naß ist. Die in Behältern gezogenen Rosen können hingegen zu fast jeder Zeit gepflanzt werden.

Nach dem Auspacken sollten Sie die Rosen zunächst sorgfältig inspizieren. Alle beschädigten oder krank aussehenden Teile sind abzuschneiden. Lange und dicke Wurzeln werden um etwa ein Drittel gekürzt, um Wurzelneubildung anzuregen. Falls die Pflanzen trocken aussehen, stellt man sie eine Stunde oder zwei Stunden ins Wasser, damit sie sich erholen. Kann die Pflanzung nicht sofort erfolgen, werden die Rosen in einem Graben eingeschlagen.

Der Pflanzabstand hängt von der zu erwartenden Größe und den Wuchsgewohnheiten der Rosen ab. Diese können Sie im voraus feststellen, wenn Sie die Rose im Garten des Züchters oder in einem anderen Garten beobachtet haben. Für Beetrosen ist ein Abstand von 60 cm sinnvoll. Die Pflanzlöcher müssen breit genug sein, damit die Wurzeln sich gleichmäßig und in erforderlicher Tiefe ausbreiten können und die Veredelungsstelle jeder Pflanze sich unmittelbar unter der Bodenoberfläche befindet. Ein über das Pflanzloch gelegter Stab hilft Ihnen bei der genauen Beurteilung der Tiefe.

Man bereitet eine Pflanzmischung je zur Hälfte mit Gartenerde und Torf vor, der ein langsam wirkender Dünger zugefügt wird. Diese Mischung wird um die Wurzeln der Rose gefüllt, nachdem diese in das vorbereitete Loch eingebracht worden ist. Danach wird das Loch mit Erde aufgefüllt, die Erde wird leicht angetreten. Anschließend ist reichlich zu gießen. Im Frühjahr gepflanzte Rosen sollen vor der Pflanzung geschnitten werden.

Mitunter stellt man fest, daß bei einer Rose alle Wurzeln in eine Richtung weisen und daß es unmöglich ist, diese richtig auszubreiten. In diesem Fall wird die Rose an der Seite des Lochs und nicht in der Mitte eingesetzt, die Wurzeln werden so weit wie möglich ausgefächert. Das gleiche gilt für Kletterrosen, jedoch aus einem anderen Grund: Da der Boden in der Nähe einer Mauer meistens sehr trocken ist, sollten Kletterrosen mindestens 45 cm von der Mauerfläche entfernt gepflanzt werden. Die Wurzeln werden von der Mauer

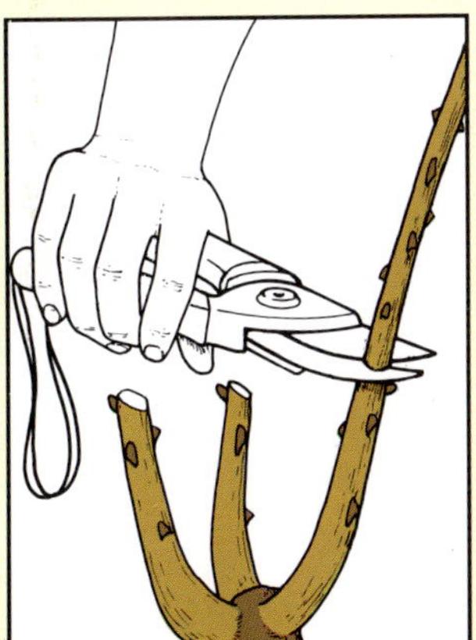

Vor dem Pflanzen werden die Rosen sorgfältig inspiziert, abgestorbenes oder krankes Wachstum wird entfernt. Lange, dicke Wurzeln sind um ein Drittel zu kürzen, um neues Wurzelwachstum anzuregen.

So wird eine Stammrose gepflanzt: Das Pflanzloch muß gerade so tief sein, daß die Wurzeln mit Erde bedeckt werden können. Dies geschieht aber erst, nachdem der Stab in das Loch gesetzt wurde, um Beschädigungen an den Wurzeln zu vermeiden. Danach wird der Boden leicht festgetreten.

weg in Richtung des feuchteren Bodens ausgefächert. Kletterrosen werden erst an den waagerechten Drähten festgebunden, nachdem sie sich im Boden gesetzt haben.

Beim Pflanzen von Stammrosen, die stets eine Stütze benötigen, wird zuerst der Stab in das Pflanzloch eingesetzt. Würde dies erst anschließend geschehen, könnte der Stab die Rosenwurzeln beschädigen. Stammrosen werden nur so tief eingepflanzt, daß die Wurzeln überdeckt sind; dadurch wird die Entwicklung von unerwünschten Wurzelschößlingen vermieden.

Die Pflege. Nachdem die Rosen gut angewachsen sind, darf ihr Wohlergehen keinesfalls vergessen werden. Mindestens zweimal während der Wachstumsperiode — nach dem Schnitt und nochmals Anfang Juli — sollte pro Pflanze eine knappe Handvoll eines Spezialrosendüngers um jede Pflanze gestreut und leicht eingearbeitet werden. Nach Ende Juli darf nicht mehr gedüngt werden, da dies zu spätes Wachstum anregt: Es wäre keine ausreichende Zeit zum Ausreifen gegeben, ehe die Fröste den neuen Wuchs vernichten.

Im April, nachdem der Boden sich ein wenig erwärmt hat, ist es ratsam, den Rosenbeeten eine Mulchdecke zu geben. Dies ist eine Schicht aus vorzugsweise organischem Material von 7,5 bis 10 cm Dicke, die über die Beete gestreut wird, um Unkräuter zu erstikken, Feuchtigkeitsverdampfung zu vermeiden und die Bodentemperatur einigermaßen gleichmäßig zu halten. Gut verrotteter Stallmist ist ideal, da er eine Menge Rosennährstoffe enthält. Kompost ernährt die Pflanzen ausreichend, kann jedoch unansehnlich wirken. Falls nicht gemulcht wird, sind die Unkräuter durch Hacken zu entfernen oder durch vorsichtig angewendetes Unkrautvernichtungsmittel zu bekämpfen.

KLETTERROSEN ERZIEHEN

Wenn gut gedeihende Kletterrosen nicht rechtzeitig erzogen werden, wachsen sie nur in die Höhe und bilden lediglich an ihrem oberen Teil Blüten. Ab einer bestimmten Wachstumshöhe sehen die Pflanzen dann nicht mehr besonders stabil aus. Um sie auch in die Breite wachsen zu lassen, erzieht man sie am besten an waagerecht gespannten Drahtführungen.

Solange die Haupttriebe ungehindert wachsen können, verhindert ein chemischer Hemmstoff in der Pflanze ihre Entwicklung an ihrem unteren Teil, und zwar dort, wo aus den unteren Augen Seitentriebe herauswachsen könnten. Wenn jedoch die Triebe ausgefächert und an waagerechten Drähten befestigt werden, stellt dieser Hemmstoff seine Wirkung ein, und dann erscheinen an allen Teilen der Pflanze blühende Seitentriebe. Einige davon sollte man an einem höher angeordneten Draht befestigen, so daß die Rose dann nicht nur in die Breite, sondern auch in die Höhe ranken kann.

Für dieses Verfahren eignet sich kräftiger, galvanisierter Eisendraht am besten, denn er hält viele Jahre und kann nicht rosten.

Die Drähte werden in einem Abstand von etwa 45 cm und ungefähr 7,5 cm von der Mauerfläche entfernt gespannt. Binden Sie die Rosentriebe von außen an die Drähte, damit Sie es später beim Beschneiden der Triebe leichter haben.

Rankrosen Sie neigen besonders zum unregelmäßigen Wuchern, wenn ihnen nicht Einhalt geboten wird. Rankrosen müssen einen ausreichenden Abstand von den Mauerflächen haben, damit zwischen Mauer und Pflanze ausreichende Luftzirkulation vorhanden ist. Das ist besonders wichtig, da die Pflanzen anfällig für Mehltau sind, der bei schlechter „Belüftung" gern in Erscheinung tritt. Daher ist es besser, wenn Sie die rankenden Rosen an einem Gitterzaun, an Säulen, Bögen oder Pergolas ziehen. Die kräftigen Arten klettern

Die Triebe der Kletterrosen werden waagerecht erzogen, um das Wachstum von zahlreichen und reichlich blühenden Seitentrieben an der Pflanze anzuregen.

auch an gesunden Bäumen in die Höhe.

An einem Zaun werden die Triebe in der gleichen Weise ausgefächert wie an einer Mauer. An einer Säule oder Pergola sollte man sie aber lieber in einer Spirale um die Stütze herumziehen, damit sie in allen Richtungen blütentragende Seitentriebe bilden kann.

Bei weniger wuchernden Kletterern wie der „Golden Showers", die sehr starke Haupttriebe haben, müssen Sie die Erziehung sehr zeitig beginnen, bevor die Triebe zu hart und unbiegsam geworden sind. Versuchen Sie nie, stabile Triebe durch gewaltsames Umbiegen „in die Form" zu bringen: Sie könnten abbrechen.

FACHGERECHT SCHNEIDEN

Um ein gutes und gesundes Wachstum der Rosen zu gewährleisten, müssen sie beschnitten werden. Gleichzeitig entfernt man auf diese Weise kranke und abgestorbene Triebe. Obwohl es für das Beschneiden keine festgelegten Zeiten gibt, sind doch ein paar wichtige Richtlinien dabei zu beachten.

Beim Beschneiden von Buschrosen wie Teehybriden und Floribunda entfernt man zunächst die ins Zentrum der Pflanze hineinwachsenden Triebe sowie schwaches und abgestorbenes Holz. Danach werden die verbliebenen kräftigen Triebe zurückgeschnitten, wobei man die Teehybriden stärker als die Floribundarosen beschneidet.

Frisch geschnittene Triebe können leicht absterben, wenn Frost eindringt. Es darf also auf keinen Fall während der Frostperiode geschnitten werden — unabhängig von deren Dauer. März und April gelten als traditionelle Monate für das Beschneiden. Zu dieser Zeit erwachen die Pflanzen zu neuem Leben und bilden, nachdem sie beschnitten wurden, sehr schnell neue Triebe. Sie können aber auch dann schneiden, wenn die Pflanzen völlig ruhen. Der Profi-Gärtner beschneidet vorwiegend im Herbst oder im Winter. Wenn man im Freien züchtet, besteht dann allerdings die Gefahr, daß die Pflanze von kaltem Winterwetter überrascht wird und Triebe erfrieren und absterben. Diese sind im Frühjahr zu entfernen. Wenn der Winter allzu hart erscheint, kann er sogar verursachen, daß die Pflanze stark beeinträchtigt wird und Sie sie fast bis zum Boden zurückschneiden müssen. In den meisten Regionen kann man aber den Herbst- oder Winterschnitt durchführen, ohne ein zu großes Risiko einzugehen. Auch ist diese Zeit zum Beschneiden günstig, da es sonst während dieser Monate im Garten nicht viel zu tun gibt — im Gegensatz zum arbeitsreichen Frühjahr!

Einen abgestorbenen Trieb erkennt man daran, daß er hellbraun gefärbt ist und geschrumpft aussieht. Das Absterben kann sich an einem Trieb sehr rasch nach unten ausbreiten, wobei zunächst dessen Mitte, also das Mark, befallen wird. Zeigt ein Trieb ein braunes Zentrum, so ist dies ein deutliches Indiz dafür, daß er im Begriff ist, abzusterben. Dem kann man meist Einhalt gebieten, indem man die Pflanze so lange nach unten beschneidet, bis sauberes, weißes Holz sichtbar wird. Totes Holz sollte also völlig entfernt werden, damit die Pflanze wieder gesund gedeiht.

Durch den Beschnitt soll erreicht werden, daß sich neue, kräftige Triebe bilden, die schöne und gesunde Blüten zu tragen vermögen. Würden Sie die Pflanzen sich selbst überlassen, könnte sie sich eventuell auch selbst regulieren und an den Stellen, an denen alte, abgestorbene Triebe abgefallen sind, neue bilden. Aber so ein „Naturprozeß" kann Jahre dauern, und das Risiko, daß die Pflanze nicht überlebt, wäre zu groß.

Grundsätzlich müssen alle schwachen Triebe, die weniger als bleistiftdick sind, entfernt werden. Das gleiche gilt für Triebe, die ins Zentrum einer buschigen Pflanze hineinwachsen und somit die notwendige Luftzirkulation behindern. Wenn Sie feststellen, daß zwei Triebe sich ständig aneinanderreiben, ist einer davon zu entfernen oder zumindest zurückzuschneiden. Sonst würden Beschädigungen entstehen, an denen sich sehr leicht Krankheiten ansiedeln können.

Mit dem Schnitt können Sie auch die Form der Rosen regulieren. Sie sollten beim Beschneiden darauf achten, daß ein einigermaßen ausgeglichen wirkender Busch verbleibt. Bei einem stark bepflanzten Rosenbeet ist das vielleicht nicht ganz so wichtig, bei einzeln stehenden Pflanzen aber umso mehr, besonders dann, wenn das Rosenbeet von allen Seiten eingesehen werden kann.

Es ist beim Schneiden mitunter schwierig, die Augen der Pflanze zu sehen, da diese sich in der Blattachse bilden. Schneiden Sie daher stets oberhalb von einem nach außen zeigenden Auge.

Abgestorbenes und krankes Holz ist vollständig herauszuschneiden, bis gesundes Gewebe sichtbar wird. Verwenden Sie dazu stets eine scharfe Rosenschere, um saubere Schnitte ohne Quetschungen der Stiele durchführen zu können.

So wird geschnitten Obwohl einige Experten Messer verwenden, bietet sich für den Hobby-Gärtner eine spezielle Rosenschere an, die wesentlich leichter zu handhaben ist. Es sollte jedoch eine gute Qualität sein, auch wenn sie etwas mehr als eine gewöhnliche Ausführung kostet. Mit qualitativ minderwertigen Rosenscheren gelingen meistens keine sauberen Schnitte, und es besteht die Gefahr, daß man die Triebe und Stiele der Pflanze zerquetscht. An den entstehenden Beschädigungen können sich Krankheitserreger festsetzen.

Wenn Sie die Rosenschere stets scharf halten, dankt sie es Ihnen mit einer sehr langen Haltbarkeit. Sobald Sie sie auf krankem Holz verwendet haben, sollten Sie sie unverzüglich reinigen und mit einem in Methylalkohol getränktem Tuch desinfizieren, damit die Erreger nicht auf gesunde Pflanzen übertragen werden können.

Der Schnitt sollte etwa 2 cm über einer Knospe ausgeführt und in einem Winkel von 45° nach unten gehend gerichtet werden. Beschneiden Sie an einer nach außen zeigenden Knospe, so wird das Buschwachstum begünstigt. Sie sollten es aber nicht als problematisch ansehen, wenn Sie eine solche Knospe an der für den Schnitt vorgesehenen Stelle nicht finden: Es ist durchaus möglich, daß eine weiter unten oder oben liegende Knospe die Aufgabe übernimmt, den gewünschten neuen Trieb zu bilden.

Für jede Sorte den richtigen Schnitt
Teehybriden Nachdem abgestorbenes und krankes Holz entfernt wurde, schneidet man die verbliebenen Haupttriebe auf etwa 15—20 cm zurück, und zwar bis zur nächstgelegenen Knospe. Hauptziel des Schnittes bei diesen Rosen ist es, die Pflanze möglichst wohlgeformt zu gestalten.

Floribundarosen Hier wird wie bei den Teehybriden vorgegangen, jedoch können die Haupttriebe länger belassen werden — etwa bei 15—30 cm. Die Seitentriebe werden um etwa zwei Drittel gekürzt. Schneiden Sie bei diesen Rosen mäßiger, da bei ihnen die Größe der einzelnen Blüten nicht so entscheidend ist wie bei den Teehybriden: Die Menge der Blüten macht bei den Floribunda die interessante Erscheinung aus, und sie bringen eine Fülle davon hervor.

Kletterrosen Wenn man darüber hinwegsieht, daß ihr Gewirr von Trieben etwas schwierig zu handhaben ist, sind diese Sorten vergleichsweise einfach zu schneiden. Als Grundregel gilt, daß die Seitentriebe um etwa zwei Drittel gekürzt werden sollten, was im Herbst geschehen sollte. Die Haupttriebe bleiben unberührt, wenn sie nicht den ihnen zugedachten Raum überschreiten. Sonst können auch sie gekürzt werden.

Falls die Pflanze unten zu kahl wird, sollten Sie einen Haupttrieb sehr stark zurückschneiden, um an den unteren Stellen neues Wachstum zu fördern.

Im Spätsommer, nach Beendigung der Blüte, werden alle Triebe abgeschnitten, die Blüten getragen haben. An ihrer Stelle werden die neuen Triebe angebunden, die sich während des Jahres entwickelt haben. Falls nicht genügend Neuzuwachs vorhanden ist, können Sie auch einige alte Triebe belassen, bei denen jedoch die Seitentriebe gekürzt werden müssen. Diese blühen auch recht gut, wenn auch nicht so vielfältig wie neue Triebe.

Strauchrosen Einige Züchter vertreten die Auffassung, daß Strauchrosen nicht beschnitten werden müssen. Es ist jedoch eindeutig bewiesen, daß sie nach einem Beschnitt besser blühen. So können also die Seitentriebe um etwa zwei Drittel zurückgeschnitten werden. Krankes oder gar totes Holz ist auf jeden Fall zu entfernen.

OBEN Bei Kletterrosen werden die Seitentriebe im Herbst gekürzt.

UNTEN „New Dawn" gehört zu den Kletterrosen, die regelmäßig zu schneiden sind.

Miniaturrosen Bei ihnen ist ebenso wie bei den Floribundarosen zu verfahren, wobei die Gesamthöhe der Pflanzen um etwa zwei Drittel reduziert werden sollte. Einige Pflanzen, wie „Baby Masquerade", sind besonders stark verzweigt und müssen großzügiger ausgedünnt werden, damit sie sich nicht gegenseitig im Wachstum behindern und nicht überladen wirken. Eine gleichmäßige Pflanze bereitet am meisten Freude.

OPTIMALE PFLEGE

Wenn Sie ein Maximum an Qualität erreichen wollen, ist es unerläßlich, daß Sie Ihren Rosen ausreichend Zeit widmen und ihnen die richtige Pflege zukommen lassen. Aber Sie werden für Ihre Mühen mit wunderschönen Pflanzen belohnt.

So regt man die Entwicklung weiterer Blüten an: Nachdem die ersten Blüten verwelkt sind, werden die Triebe bis auf eine Knospe mindestens 10—13 cm unterhalb der verwelkten Blume zurückgeschnitten.

Verblühte Triebe entfernen Durch das Entfernen der Hagebutten, die sich unmittelbar bilden, nachdem eine Blüte verwelkt ist, regt man die Pflanze zur Bildung von weiteren Blüten an. Im biologischen Sinne bedeutet das: Die Pflanze vollzieht ihren naturgemäßen Zyklus der sogenannten Reproduktion. Das geschieht durch die Entwicklung der Hagebutten, den Samenständen. Wenn dieser Zyklus durch Rückschnitt der Pflanze unterbrochen wird, versucht die Pflanze, ihn erneut zu vollziehen. Es reicht aber keinesfalls aus, wenn Sie nur die verwelkten Blüten abrupfen. Das Ergebnis wären unansehnliche Blütenstengel, die absterben. Außerdem könnte sich hoch oben am Stiel der ehemaligen Blüte ein neuer Trieb entwickeln, der aber von vornherein zu dünn und zu schwach geraten würde.

Der ausgeblühte Trieb sollte bis auf eine Knospe mindestens 10 bis 13 cm unterhalb der welken Blüte zurückgeschnitten werden. Bei Floribundarosen hingegen wird er bis zur ersten oder zweiten Knospe unter einem Blütenbüschel geschnitten.

Wurzelschößlinge Die meisten Rosen, die man bei einem Züchter kauft, werden auf den Wurzeln von Wildrosen verschiedener Sorten gezogen, wodurch ein besonders kräftiges Wachstum gefördert wird. Aus diesen unkultivierten Wurzeln, den Wurzelstöcken, entwikkeln sich Triebe. Läßt man diese ohne weiteres wachsen, können sie derart kräftig werden, daß sie nach ein paar Jahren überhand nehmen und die kultivierte Art, die auf die wilden Wurzeln aufgesetzt war, sogar zum völligen Absterben bringen.

Schößlinge erkennen Sie meistens daran, daß die Stiele und Dornen ihre intensive Färbung zugunsten eines blassen Grüns verändern. Wenn Sie den Verdacht haben, daß ein unerwünschter Schößling vorhanden ist, sollten Sie unverzüglich seine Spur aufnehmen. Entdecken Sie ihn unterhalb der Veredelungsstelle der Pflanze, können Sie ihn — notfalls mit Hilfe eines Spachtels — von der Wurzel abziehen. Sie sollten ihn aber keinesfalls abschneiden; das hätte die gleichen Folgen, als würden Sie einen Trieb beschneiden: Der Schößling würde zu stärkerem Wuchs angeregt und Sie hätten das Gegenteil von dem erreicht, was Sie ursprünglich beabsichtigt haben, nämlich den Schößling zu beseitigen.

Seitentriebe, die sich an den Stielen von Stammrosen unterhalb der Krone zeigen, sind ebenfalls Wurzelschößlinge, da ihr Stiel Bestandteil des Wurzelstocks ist. Sie sind abzuziehen, sobald sie sichtbar werden.

Entfernen von Seitenknospen
Zahlreiche Sorten der Teehybriden tragen mitunter an einem einzigen Trieb vier bis fünf Knospen. Bei Rosen wie „Pink Favourite" können sie so dicht nebeneinanderliegen, daß sich die Blüten nicht richtig öffnen können. Selbst wenn ihnen das gelingt, bleiben sie klein, da sie sich nicht voll zu entfalten vermögen. Daher ist es besser, wenn man vorhandene Seitenknospen zurückschneidet, sobald sie eine gewisse Größe erreicht haben. Verlassen Sie sich bei der Beurteilung einfach auf Ihr Augenmaß.

Wurzelschößlinge sind Wildtriebe und wachsen aus den Wurzeln von Buschrosen wie den Teehybriden und Floribundarosen. Sie werden durch Abziehen von der Wurzel entfernt. Triebe an den Stielen von Stammrosen sind ebenfalls Schößlinge und sind sofort nach ihrer Entdeckung abzutrennen.

SCHÄDLINGE & KRANKHEITEN

Wie die meisten Pflanzen hat auch die Rose ihre Feinde, die ihr zusetzen und ihr Aussehen, ihr Wachstum und sogar ihr Leben bedrohen. Aufmerksamkeit und rasches, richtiges Eingreifen hilft, größere Schäden zu vermeiden. Dazu einige Tips.

OBEN Blattläuse vermehren sich rasch.

OBEN RECHTS So zeigt sich Rosenrost.

RECHTS Deutliche Schäden durch die Rosenblattrollwespe.

Schädlinge Obwohl Rosen von vielen Insekten befallen werden können, sind die meisten von ihnen verhältnismäßig ungefährlich für die Pflanze — vorausgesetzt, daß sie rechtzeitig entdeckt und bekämpft werden. Nahezu alle Schädlinge können durch Besprühen mit einem Insektizid erfolgreich beseitigt werden. Dieses Mittel dringt in das Gewebe der Pflanze ein und bleibt so über mehrere Wochen wirksam. Alternativ kann auch ein Insektizid-Granulat in die Erde in unmittelbarer Nähe der Pflanze gepflanzt werden. Sie saugt das Mittel dann über ihre Wurzeln auf.

Blattläuse Kleine grüne oder rosabraune Insekten, die sich auf jungen Trieben, an Blütenknospen und auf der Unterseite der Blätter niederlassen. Von dort saugen sie den Pflanzensaft auf und hemmen das Wachstum der Pflanze, was dazu führt, daß sie teilweise verkrüppelt. Sind nur einige dieser Schädlinge vorhanden, können Sie sie mit der Hand ablesen oder mit klarem Wasser und einem Schwamm abwaschen. Wenn das nichts hilft, sollten Sie die Pflanze mit einem Insektizid besprühen oder es als Granulat in die Topferde einbringen.

Raupen fressen mit Vorliebe Löcher in die Blätter. Auch sie können, da sie gut sichtbar sind, mit der Hand abgelesen oder abgewaschen werden, wenn nur wenige auftreten. Sonst hilft nur noch das Besprühen mit einem Insektizid.

Rosenblattrollwespen Sie sind ein ernstzunehmendes Problem, da sie nicht so einfach bekämpft werden können: Die winzigen Insekten legen ihre Eier in die Ränder der Blätter, worauf sich diese zylindrisch einrollen und damit die in ihnen liegenden Larven schützen. Wenn diese schlüpfen, beginnen sie sofort an der Pflanze zu fressen. Versuchen Sie es erst einmal mit einem Insektizid. Ansonsten müssen Sie die befallenen Blätter entfernen und möglichst verbrennen.

Krankheiten *Sternrußtau (Schwarzfleckigkeit)* Es zeigen sich auf der Blattoberseite braun-schwarze Flecken, die rasch größer werden, bis das Blatt sich schließlich gelb verfärbt und abfällt. So entlaubt die Pflanze nach und nach und wird erheblich geschwächt. Ursache sind meist Läuse oder Weiße Fliegen. Sind die Insekten noch an der Pflanze beschäftigt, sollten Sie ein Insektizid sprühen und die Blätter abwaschen.

Mehltau ist ein grauer, puderig wirkender Belag, der sich auf den Blättern und Stengeln festsetzt. Diese Pilzart kann sich rasch über die gesamte Pflanze ausbreiten und bewirken, daß sie ihr Wachstum einstellt. Man unterscheidet zwischen dem Falschen Mehltau, der aber bei Rosen so gut wie nicht vorkommt, und dem Echten Mehltau, der Rosen geradezu bevorzugt. Das Besprühen mit einem Spezial-Fungizid und das Entfernen befallener Teile der Pflanze sind die einzig wirksamen Möglichkeiten, den Echten Mehltau zu bekämpfen.

Rosenrost Dieser Rostpilz erhielt seinen Namen durch seine rostfarbenen Sporen, die sich an der Unterseite der Blätter in großer Zahl ansiedeln.

Befindet sich der Befall in seinem Anfangsstadium, kann noch ein spezielles Rostfungizid Abhilfe schaffen, aber meistens müssen alle befallenen Blätter und anderen Pflanzenteile entfernt und vernichtet werden.

OBEN Mehltau breitet sich schnell aus und hemmt das Wachstum der Pflanze.

RECHTS Sternrußtau kann Entlaubung und eine enorme Schwächung verursachen.

SECHZIG AUSGEWÄHLTE ROSEN

In diesem Kapitel werden sechzig ausgewählte Rosen beschrieben, die wegen ihrer Eigenschaften zu den besten Sorten zählen und breite Anerkennung gefunden haben. Wenn Sie auch nicht bei jedem Händler unmittelbar die gleichen Sorten bekommen können, so finden sich dort mit Sicherheit ähnliche schöne Pflanzen.

Die Teehybride „Alexander“ ist besonders hochwachsend.

TEEHYBRIDEN

„Alec’s Red“ ist eine der besten rotblühenden Rosen für Beete und hält ihre Farbe bei jeglichem Wetter. Ihr Duft ist außergewöhnlich süß, wofür sie mehrfach ausgezeichnet wurde. Die Blüten erscheinen in reicher Fülle und wiederholen sich rasch. Mit gesunden, mittelgrünen, glänzenden Blättern erscheint die Pflanze mit aufrechtem Wuchs bis zu 75 cm Höhe.

„Alexander“ Eine hübsche Rose, die bis zu 1,2 m hoch werden kann und sich daher als Strauchrose oder zur Pflanzung in einem großen Beet eignet. Ebenso bildet sie eine dekorative, niedrige Hecke, da sie gut in die Breite wächst. Ihr Laub ist tiefgrün und halbglänzend. Die leicht duftenden, reichlich wachsenden Blüten dieser Teehybride sind zinnoberrot gefärbt.

„Alpine Sunset“ erscheint mehrfarbig.

„Alpine Sunset“ ist mit ihren großen, wohlgeformten und süß duftenden Blüten in Mischungen von Goldgelb bis Pfirsichrosa eine der besten Rosen der letzten Zeit. Sie trägt eine, zwei oder drei Blüten an einem Stengel und ist von kräftigem Wuchs, der bis zu 75 cm Höhe erreicht.

„Blessings“ Seit 1968 ist diese Sorte als fortlaufend blühende Beetrose führend. Ihr wunderschönes Korallenrosa vertieft sich zur Mitte der großen und lose geformten Blüten, die einen süßen Duft verströmen. Die kräftigen Sträucher von einer Höhe bis zu 75 cm tragen halbglänzende Blätter, die gesünder als bei den meisten Rosen dieser Farbe aussehen.

„Camphill Glory“ Sie trägt sehr schön geformte Blüten von cremigem Rosa mit Schattierungen in dunklerem Rosa. Trotz ihrer zahlreichen Blütenblätter verträgt sie Regen ziemlich gut. Die Pflanze wird bis zu 1 m hoch und hat mittelgrünes Laub.

„Dutch Gold“ Wohlgeformte, leuchtende Blüten, die ihre Farbe gut halten und einen starken Duft verbreiten, zeichnen diese Rose aus. Sie ist von aufrechtem Wuchs in nur durchschnittlicher Höhe, was aber bei dem interessanten Aussehen der Pflanze kein Makel ist.

„Fragrant Cloud“ Wegen ihrer sich laufend entwickelnden Blüten in leuchtendem Geranienrot, die zu denjenigen mit dem süßesten Duft gehören, lohnt sich diese Sorte immer. Sie erreicht eine eher durchschnittliche Höhe und bietet eine gute Strauchentwicklung mit dunklen, glänzenden Blättern.

„Grandpa Dickson“ Diese Sorte mit wohlgeformten, gelben Blüten eignet sich für den Garten ebenso wie für den Schnitt, ist aber keine Pflanze für nährstoffarmen, sandigen Boden. Sie duftet nur schwach, ist von kurzem, aufrechtem Wuchs — der dichtere Pflanzung als üblich erfordert — und äußerst regenbeständig. Daher kann man sie auch gut in weniger geschützten Teilen des Gartens pflanzen, beispielsweise auf erhöht gelegene Beete.

Die Teehybride „Grandpa Dickson“ mit ihren regenfesten Blüten.

„Just Joey" Obwohl diese Rose keine hohen Auszeichnungen erhielt, ist sie dennoch als Dekoration eines Gartens gut geeignet. Die großen, wohlgeformten Blüten in Kupfer-Orange öffnen sich mit attraktiv gewellten Blättern, die sich während des ganzen Sommers halten. Der Strauch erreicht eine durchschnittliche Höhe mit dunklem, mattgrünem Laub.

Die reichlich blühende „Just Joey".

Regenfeste „National Trust".

„National Trust" Diese schöne Rose wäre sicherlich noch beliebter, wenn sie duften würde. Sie bildet eine unendlich erscheinende Folge ziemlich kleiner, wohlgeformter Blüten in leuchtendem Rot, denen Regen nicht viel ausmacht. Der Wuchs der Pflanze, die dunkelgrünes Laub trägt, liegt etwas unter dem Durchschnitt.

„Paul Shirville" Sie ist wegen ihres ausgezeichneten Duftes beliebt und auch dafür ausgezeichnet worden. Die Pflanze kann sich im Garten bei guten Bedingungen voll entwickeln, so daß der bis zu 90 cm hohe Strauch ungehindert seine lieblichen Blüten in Lachsrosa mit pfirsichroter Schattierung hervorbringen kann. Buschig wachsend und mit schönem Laub versehen, ist sie auch eine beliebte gute Schnittblume.

„Peace" Diese bekannte Sorte sollte in keiner Zucht fehlen. Sie ist sehr kräftig und bildet ausgezeichnete, große zartgelbe Blüten mit rosa Rändern, die besonders interessant wirken.

Kraftvoll und schön: „Peace".

„Peaudouce“ Sie bildet elfenbeinweiße, zarte Blüten von klassischer Form auf einer buschigen, bis zu 90 cm hohen Pflanze, die mit reichem, mittelgrünem bis dunkelgrünem Laub ausgestattet ist. Die Blüten duften nur mäßig, aber ihre dezente, wohltuende Farbe gleicht das leicht wieder aus.

„Piccadilly“ ist ein echter „Klassiker“, denn sie stammt bereits aus dem Jahre 1959. Trotzdem ist sie unter den Zweifarbigen bislang unübertroffen: Ihre scharlachroten Blütenblätter haben eine blaßgelbe Unterseite. Die mäßig gefüllten Blätter entwickeln sich großzügig auf einem aufrechten Strauch

Die Teehybride „Pink Favourite“.

mittlerer Höhe, an dem schwarzglänzendes Laub gedeiht. Da die Blätter anfällig für Schwarzfleckigkeit sind, sollten sie regelmäßig untersucht werden.

„Pink Favourite“ Sie ist von kraftvollem Wuchs und wird wegen ihrer Stabilität geschätzt. Die Pflanze erreicht eine Höhe bis zu 90 cm und trägt wohlgeformte, aber nur schwach duftende Blüten in leuchtendem Rosa. Um die Blütenbildung zu fördern, sollten die Knospen teilweise beschnitten werden.

„Polar Star“ ist eine interessante, rein weiße Rose, die bei kräftigem Wuchs 1 m Höhe erreichen kann. Ihre Blüten erscheinen einzeln oder in Büscheln, die Sträucher wachsen buschig.

„Precious Platinum“ Ihre leuchtend rote Blüten heben sich dekorativ von den glänzenden Blättern ab. Sie wird

„Silver Jubilee“ in zartem Rosa.

bis zu 75 cm hoch und eignet sich gut als Schnittblume.

„Silver Jubilee“ Es ist durchaus nicht verwunderlich, daß diese Rose erste Preise gewann: Ihre gut geformten Blüten erscheinen in interessanten Farbmischungen von Pfirsichrosa und cremigem, kupfernem Rosa. Das glänzende Laub ist kräftig und überdeckt die buschige Pflanze bis zum Erdboden. Sie ist als Schnittblume gut geeignet.

Eine ausgezeichnete Beetrose ist „Amber Queen".

FLORIBUNDAROSEN

„Amber Queen" Eine bezaubernde Vertreterin der Beetrosen mit becherförmigen, bernsteingelben Blüten, die in enormer Fülle erscheinen und sich auffallend gegen die dunkelgrünen, glänzenden Blätter abheben und so einen interessanten Kontrast bilden.

„Anne Harkness" Die Rose wird bis zu 1 m hoch und muß kräftig beschnitten werden, damit sie nicht kopflastig wird. Durch die Höhe, die die Pflanze erreicht, entwickeln sich lange Stengel mit doppelt gefüllten Blüten in Aprikosen-Orange. Sie eignet sich bestens als Schnittblume, da sie sich verhältnismäßig lange im Wasser halten kann. Ihre Blütezeit ist ziemlich spät: Sie blüht während des Monats August, wenn andere bekannte Rosen ruhen.

Floribunda „Anne Harkness".

„Arthur Bell" ist eine der besten gelben Floribunda mit großen Blüten, die sich weit und flach öffnen. Mit zunehmendem Alter der Pflanze verblassen sie jedoch ein wenig. Sie wachsen in mittelgroßen Büscheln an einem hohen Strauch mit ledrigen, gesunden Blättern. Ihr Duft ist äußerst bemerkenswert und brachte ihr so manchen Preis auf Ausstellungen und Wettbewerben ein.

„Champagne Cocktail" Markant für diese Rose sind ihre Büschel mit blaßgelben, rotgefleckten Blüten, die einzigartig und stark duften. Die Pflanze blüht reichlich und entwickelt sich entweder buschartig oder wird durchschnittlich hoch.

„City of Belfast" ist eine der besten der niedrig bis mittelhoch wachsenden, scharlachroten Beetrosen. Ihre Blüten sind nicht groß, was jedoch durch ihre üppige Fülle ausgeglichen wird. Sie duftet nicht sehr stark.

„City of Leeds" hat große Büschel mit lachsrosanen, halbgefüllten Blüten. Diese Rose hält sich gut im Wasser und eignet sich daher gut als Schnittblume. Ihr Wuchs ist buschig, die Blüten sind allerdings duftlos.

„Dame of Sark" Diese Sorte wird 1 m hoch und ist deshalb gut für große Beete oder niedrige Hecken geeignet. Sie trägt auffallende Büschel mit Blüten in hellem Orangerot und einer gelben Basis an den Blütenblättern, deren Unterseiten ebenfalls gelb sind. Die sehr intensive Farbe schafft einen gewissen Ausgleich für die sehr schwache Duftnote und macht die Pflanze interessant. Das sehr schöne, mittelgrüne und glänzende Laub ist sehr gesund.

„Elisabeth of Glamis" Wenn Sie über leichten Pflanzenboden verfügen, sollten Sie auf diese liebliche und angenehm duftende Rose keinesfalls ver-

Die üppig blühende „City of Belfast".

„City of Leeds", eine Floribunda.

zichten. Ihre lachsrosa Blüten, die in mittelgroßen Büscheln erscheinen, sind in der Knospe hübsch geformt und öffnen sich flach. Sie ist zwar nicht die stabilste Rosensorte, wächst aber zu dichten Sträuchern heran.

„English Miss" Sie bildet hellrosa Büschel mit doppelt gefüllten Blüten an einem aufrechten Strauch mittlerer Höhe oder auch etwas niedriger. Ihr sehr dunkles Laub bietet einen dekorativen Kontrast zu der hellen Farbe ihrer Blüten, die angenehm duften.

„Escapade" ist etwas ganz Besonderes, denn ihre großen Blüten, die an gut ausgebildeten Büscheln erscheinen, sind violettrosa und verblassen in der Mitte — eine äußerst reizvolle Kombination. Die Pflanze von mittlerer Höhe ist buschig und trägt hellgrünes Laub.

„Evelyn Fison" Ähnlich der „City of Belfast" zeichnet sich diese schöne Beetrose durch scharlachrote Blüten aus, wächst aber höher als ihre „Konkurrentin". Ihre Farbe verblaßt kaum, selbst nicht unter ständiger Sonneneinwirkung. Die Pflanze gedeiht buschig mit ziemlich kleinen Blättern, an denen sich mitunter leicht Schwarzfleckigkeit zeigt. Daher sollte sie regelmäßig beobachtet werden. Sie hält sich auch hervorragend als Schnittblume.

„Eye Paint" Obwohl sie bei einer Höhe von 90 cm—1,2 m als Floribunda klassifiziert wird, kann man sie ohne weiteres auch als Strauchrose bezeichnen, denn sie ist buschig und gut verzweigt. Die Pflanze trägt dunkelgrüne, halbglänzende Blätter. Am gesamten Strauch bilden sich zahlreiche Blütenbüschel. Die Blüten selbst sind klein, einfach gefüllt und von leuchtendem Scharlachrot mit einem weißen Auge und einer weißen Rückseite. Als Hecke bietet sie einen wunderschönen Blickfang und gleichzeitig einen dekorativen Sichtschutz.

Einzigartig: Floribunda „Escapade".

Die hochwüchsige „Eye Paint".

„Fragrant Delight", eine erstklassige Floribunda für Beete.

Die kräftigwachsende „Eisberg".

„Korresia" in leuchtendem Gelb.

„Fragrant Delight" ist eine erstklassige Beetrose, die besonders wegen ihres süßen Duftes bekannt wurde. Sie wächst zu einer etwas mehr als durchschnittlichen Höhe heran. Die in der Knospe dicht geformten Blüten sind von kupfriger Lachsfarbe mit interessanter gelber Schattierung. Die Blätter der Pflanze zeigen in ihrer Frühzeit einen bronzenen Farbton, der später in ein glänzendes Dunkelgrün übergeht.

„Eisberg" Diese ausschließlich weiß und sehr reich blühende Rose ist von kräftigem Wuchs. Wenn sie leicht beschnitten wird, entwickelt sie sich zu einem dekorativen Strauch.

„Korresia" ist eine der besten gelben Floribunda, da sie sich als robust und gesund erwiesen hat. Sie trägt große Büschel wohlduftender gelber Blüten an einer buschigen Pflanze mit reichlichem mittelgrünem Laub.

„Lilli Marleen", seit langem ein Favorit unter den Floribunda.

„Lilli Marleen" Ihre dunkelgrünen Blätter bilden einen wunderschönen Kontrast zu ihren karminroten Blüten, die zahlreich in großen Büscheln erscheinen und sich gut halten. Nur zu starke, längere Sonneneinwirkung könnte die Blütenblätter etwas beeinträchtigen. Die Pflanze ist von mittelhohem Wuchs.

„Living Fire" Als eine der gefragtesten Rosen hat sie zunehmend Anerkennung erlangt. Recht große Blüten an in gutem Abstand zueinander angeordneten Büscheln zeichnen sie ebenso aus wie ihre scharlachroten, mit einem Anflug von Gelb gemischten Blüten. Weitere Eigenschaften sind eine gute Regenbeständigkeit und Haltbarkeit. Die Pflanze trägt dunkelgrüne Blätter und erreicht eine mittlere Höhe.

„Margaret Merril" Sie hat große, weiße Blüten, die mit einem Hauch von blassem Rosa durchfärbt sind und in ihrer Mitte rosa Staubgefäße tragen — eine liebliche Farbkombination, verbunden mit einem süßen Duft. Die beständige, buschige Pflanze von mittlerem Wuchs mit dunkelgrünem, glänzendem Laub wird sehr geschätzt. Sie weist aber eine deutliche Anfälligkeit für Schwarzfleckigkeit auf.

Die zweifarbige „Matangi".

„Matangi" Ihre Blüten, die sich in großen Büscheln entwickeln, sind orangefarben und mit einem silbrigen Auge ausgestattet. Die Unterseite der Blütenblätter ist ebenfalls silbrig. Ihre buschige Form erreicht mittlere Höhe.

„Memento“ trägt den ganzen Sommer über ihre unverkennbaren, leuchtenden kirschroten Blüten, die jeglichen Witterungseinflüssen zu trotzen vermögen — eine Qualifikation, die sie zu einer guten Beetrose macht. Die bronzefarbenen, glänzenden Blätter gedeihen an einer buschigen, bis zu 75 cm hohen Pflanze.

„News“ ist farblich nur schwer zu beschreiben. Die Bezeichnung „Rote Bete-Purpur“ kommt der Farbe am nächsten. Ihre außergewöhnlichen Blüten haben goldfarbene Staubgefäße; die Pflanze wächst kräftig und kompakt und erreicht eine mittlere Höhe.

„Pink Parfait“ Ihre Blüten ähneln in ihrer Frühzeit denen der Miniatur-Teehybriden, öffnen sich jedoch später weiter. Die Büschel erscheinen mittelgroß bis groß, die Blüten in einer Kombination aus Hellrosa und Cremegelb. Hoher Wuchs bis zu 90 cm und reiche Zweigbildung lassen sie als Heckenpflanze, die aber fast dornenfrei ist, ohne weiteres zu.

„News“ in beispielloser Farbe.

Floribunda „Pink Parfait“ ist nahezu dornenfrei.

„Queen Elizabeth" trägt große, schalenförmige Blüten in leuchtendem Rosa, die sich im Haus sehr lange halten können, jedoch kaum duften. Die enorm kräftige Pflanze kann eine Höhe bis zu 2,4 m erreichen und eignet sich, wenn sie leicht beschnitten wird, hervorragend als Hecke. Sie trägt wenig Dornen, aber äußerst gesundes Laub.

„Southampton" hat interessante becherförmige Blüten in fast der gleichen Größe wie die einer Teehybride, wenn nur eine Blüte pro Stengel belassen wird. Wachsen die Blüten in Büscheln, sind sie kleiner. Weitere Kennzeichen dieser schönen Rose sind Wetterbeständigkeit, Starkwüchsigkeit bis zu 90 cm und dunkelgrünes, gesundes Laub.

„Sunsilk" Eine Floribunda mit Blüten in der Größe von Teehybriden, die gut gefüllt und hübsch geformt in mittelgroßen Büscheln auftreten. Ihr zartes Zitronengelb kann etwas verblassen, ist aber immer reizvoll. Als bis zu 75 cm hoch wachsender Strauch ist sie eine ideale Beetrose.

Floribunda „Southampton".

„The Times" Gefüllte Blüten mit zahlreichen Blättern in tiefem Scharlachrot machen sie zu einer außergewöhnlichen Rose, die auch durch ihr tiefgrünes Laub mit rötlicher Tönung sehr attraktiv wirkt. Die Höhe der buschigen und breitwüchsigen Pflanze variiert zwischen 75 und 90 cm.

„Wishing" ist mit einer Wuchshöhe bis zu 60 cm als kurzwüchsig zu bezeichnen und als buschige, kompakte Pflanze selbst für kleinste Flächen geeignet. Eine Fülle von pfirsichroten Blüten gedeiht in makelloser Form.

KLETTERROSEN

„Compassion" ist eine stark duftende Vertreterin der Kletterrosen, die sich während des ganzen Sommers mit großen, rosa- und aprikosefarbenen Blüten präsentiert. Die dunkelgrünen Blätter sind gesund, was eine ausgezeichnete Eigenschaft für eine Kletterrose ist, die

Mehrfach ausgezeichnet: „The Times".

eine Höhe von 3 m erreicht und ohne Probleme eine Wand überwuchert. Diese Wuchsfreudigkeit läßt sich auch für die Verzierung einer Pergola oder eines Rankgerüstes nutzen, und man braucht nicht lange auf das Resultat zu warten.

„Golden Showers“ ist zwar nicht ganz so wuchsfreudig wie die „Compassion“, steht ihr aber hinsichtlich ihrer Blütenfülle keineswegs nach; ihre Blüten sind allerdings leuchtend gelb. Sie sind anfangs geschlossen, öffnen sich langsam und können ein wenig verblassen. Regen stört sie nicht. Die Triebe sind fast dornenlos und tragen gesunde, glänzende, dunkelgrüne Blätter. Der Strauch wächst sehr schön und gerade.

„Händel“ erreicht sogar eine Höhe bis zu 4,5 m. Das Laub ist grün mit interessant wirkenden bronzefarbenen Schattierungen. Man muß es im Hinblick auf Krankheiten öfter beobachten, da es etwas anfällig ist. Cremeweiße, rosa gesäumte Blütenblätter, die an Büscheln erscheinen, werden es Ihnen mit ihrer beeindruckenden Farben- und Formenpracht danken.

„New Dawn“ ist eine der beliebtesten Kletterrosen, die seit ihrer Entwicklung vor über sechzig Jahren in Gärten und als Mutterpflanze für andere Züchtungen Verwendung findet: Ihre reiche Blütenfülle in Zartrosa und ihr süßer Duft werden triftige Gründe dafür sein. Die Blüten erscheinen schon im Frühsommer. Ihr mittelgrünes Laub ist zwar sehr schön, aber etwas anfällig für Mehltau, weswegen sie regelmäßig beobachtet werden sollte.

Die Kletterrose „Golden Showers“.

„Händel“, ein „alter Meister“ im Klettern.

„Schwanensee“ ist eine gut wachsende Kletterrose für große Mauern.

„Pink Perpetue“ Beständiger als fast alle anderen Kletterrosen, ist sie eine der wenigen Sorten, die im Herbst ebenso schön blühen wie zu Anfang des Sommers — vorausgesetzt, daß abgeblühte Teile rechtzeitig entfernt werden. Die Blüten erscheinen in großen Büscheln, sind aber selbst nicht besonders groß. Durch ihre doppelte Füllung und ihre interessante rosa Färbung auf der Ober- und karminrote auf der Unterseite wirken sie sehr dekorativ. Die Rose ist daher bestens für eine Säule, einen Zaun oder eine niedrigere Mauer geeignet. Sie duftet nur schwach.

„Schwanensee“ Eine wüchsige Pflanze, die eine breite Mauer zu überdecken vermag und sehr große, hübsch geformte Blüten trägt. Diese sind mit einem Weiß mit einem Hauch von Rosa gefärbt. Die Rose ist sehr wetterbeständig, verströmt aber nur wenig Duft. Ihre glänzenden Blätter müssen im Spätjahr unbedingt auf Schwarzfleckigkeit hin genau beobachtet werden.

„Albéric Barbier“ ist eine der gesündesten Kletterrosen und fast immergrün. Ausgestattet mit dunklem, glänzendem Laub erreicht sie eine Wuchshöhe von 4,5 m und mehr. Ihre stark duftenden Blüten, die in kleinen Büscheln erscheinen, öffnen sich von orangefarbenen Knospen zu einem Cremeweiß.

„Félicité et Perpétue“ ist so beliebt, daß sie seit Anfang des 19. Jahrhunderts bis heute „überlebt“ hat. Der Grund dafür liegt eindeutig in der enormen Fülle ihrer weißen Blüten in Pomponform mit zahlreichen Blütenblättern, die sich aus rosagetönten Knospen öffnen. Die dunkelgrünen, glänzenden Blätter bleiben fast während des ganzen Winters an der Pflanze, die eine Höhe von bis zu 4,5 m erreichen kann und zahlreiche schöne Zweige trägt.

„François Juranville“ stammt aus der gleichen Züchtung wie die beliebte „Albertine“ und ist qualitativ ebenso gut. Sie bietet gefüllte Blüten, die sich flach öffnen und hübsche korallenrosa Blütenblätter zeigen. Ihre Blütezeit ist sehr lang, es gibt jedoch keine Wiederholung.

MINIATURROSEN

„Bit o' Sunshine“ Dies ist eine der größeren Zwergrosen: Sie erreicht etwa 38 cm Höhe. Die hellgelben Blüten, die groß erscheinen, verblassen mitunter ein wenig, duften jedoch für eine Miniaturrose erstaunlich gut. Man muß sie regelmäßig vor Schwarzfleckigkeit und Mehltau schützen.

„Baby Masquerade“ Die Blüten dieser Sorte ändern ihre Farbe in der gleichen Weise wie einige Floribunda, sie wandeln sich also von Gelb zu Rosa bis hin zu einem tieferen Rot. Die Pflanze ist von buschigem Wuchs bis zu 35 cm, wobei die typischen kleinen Blätter der Miniatursorten deutlich auffallen.

„Darling Flame“ Ihre Blüten, die in Fülle an einer buschigen Pflanze erscheinen, sind gefüllt und leuchtend orange gefärbt. Sie erreicht eine Höhe bis zu 30 cm.

Die Miniaturrose „Darling Flame“.

Bei der Miniaturrose „Baby Maskerade“ ändern die Blüten ihre Farbe.

Auch sehr gut als Schnittblume geeignet: die Miniaturrose „Starina".

„Fire Princess" Da diese Sorte eine Höhe von 45 cm erreicht, könnte man meinen, daß sie eigentlich keine Berechtigung hätte, als Miniaturrose bezeichnet zu werden. Es ist damit aber mehr die Größe ihrer Blüten gemeint, die klein und leicht duftend in einem leuchtenden Rot an der Pflanze wachsen. Sie hält sich auch gut in der Vase.

„Gypsy Jewel" zeigt schöne, gefüllte, rosa Blüten in Büscheln an einer ca. 30 cm hohen Pflanze, die zum Wuchern neigt, aber auch dicht und buschig wächst. Sie ist von guter Gesundheit und kann als selten unter den Miniaturrosen bezeichnet werden.

„Red Ace" ist eine mittlerweile durch Ausstellungen und Prämierungen bekannte Sorte, die sich auch einen internationalen Namen erobert hat. Trotz ihres niedrigen Wuchses bietet sie mit ihren dunkelroten Blüten und ihrer kompakten, völlig aufrecht wachsenden Pflanze einen ganz bemerkenswerten Blickfang.

„Snow Carpet" ist ein außergewöhnlicher Bodendecker, der sich weit verzweigt über dem Erdboden ausbreitet: Die Pflanze kann fast einen Quadratmeter ausfüllen. Ihre Blüten sind weiß, gefüllt und erscheinen reichlich. Buschiges und schnelles Wachstum, das nicht mehr als 7,5—10 cm in die Höhe reicht, zeichnet die Pflanze aus, die sich auch auf andere Weise nützlich zu machen versteht: Sie läßt kein Unkraut hochkommen!

„Starina" hält sich mit ihren orangeroten bis scharlachroten, gefüllten Blüten auch gut und sehr lange in Vasen. Die Blüten erscheinen in großer Zahl an einer 45 cm hohen Pflanze.

„Stars 'n Stripes" ist eine jüngere Züchtung, deren weiße Blüten rote Streifen zeigen. Diese sind groß, halbgefüllt und öffnen sich lose. Obwohl die Blüten duftlos sind, wirken sie durch ihre interessante Farbe attraktiv. Die Pflanze erreicht bei einem mäßigen Wachstum bis zu 30 cm.

ALTE UND NEUE STRAUCHROSEN

„Aloha“ ist eine neuere Sorte mit süß duftenden, gefüllten Blüten in warmen Rosatönen. Man kann sie als regenfest betrachten, und auch sonst ist die Pflanze sehr stabil; das glänzende Laub wird kaum von Krankheiten heimgesucht. Der kräftige, aufrechte Wuchs bringt es sogar auf etwa 1,2 m Höhe. Pflanzt man die Pflanze in die Nähe einer Wand, vermag sie — obwohl langsam — auch zu klettern.

„Buff Beauty“ zählt zu den Moschus-Rosen-Hybriden und ist berühmt wegen ihrer enormen Vielzahl von Blüten, die gefüllt in Orange erscheinen. Die Pflanze neigt zum Wuchern.

„Canary Bird“ bildet lange, gebogene Triebe, die im Mai und Anfang Juni über ihrer gesamten Länge hellgelbe, einfache Blüten in großer Fülle entwickeln. Attraktives, farnartiges Laub zeichnet die Pflanze aus.

„Canary Bird“ macht ihrem Namen alle Ehre.

Die süßlich duftende Strauchrose „Aloha“.

„Fantin Latour“ stammt aus der alten Rosenfamilie der Centifolia und bildet einen großen Strauch von 1,8 m Höhe. Ihre Triebe mit Büscheln gefüllter Blüten in blassem Rosa neigen sich im Sommer zur Erde. Die Pflanze trägt keine wiederholte Blüte, ihre großen, dunkelgrünen Blätter sind jedoch nach Beendigung der Blütezeit eine Attraktion für sich. Sie sollten aber sorgfältig auf Mehltau, für das sie anfällig sind, untersucht werden.

„Felicia“ Eine aufrechter als „Buff Beauty“ wachsende Hybride, die gefüllte, wohlduftende Blüten in warmem Rosa erscheinen läßt. Um eine zweite Blütenbildung zu erreichen, müssen verwelkte Blüten unmittelbar nach ihrer Blütezeit von der Pflante entfernt werden. Felicia entwickelt einen dichten, buschigen Strauch von etwa 1,5 m Höhe und etwa der gleichen Breite.

„Golden Wings“ ist eine neuere Rose, die mit ihren großen, zartgelben Blüten wie eine Spezies aussieht; die Blüten erscheinen ohne Unterbrechung während des ganzen Sommers. Sie verströmen einen süßen Duft und haben bernsteinfarbene Staubgefäße. Der gesunde Busch der Rose von ungefähr 1,5 m Höhe wirkt durch sein mittelgrünes Laub sehr dekorativ.

„Golden Wings“, eine Strauchrose.

Die Centifolia „Fantin Latour“ ist eine der schönsten alten Rosen.

Die alte Gallica-Züchtung „Rosa Mundi" blüht im Hochsommer.

„Rosa Mundi" ist auch bekannt als „Französische Rose" und stammt aus der ältesten Rosenfamilie, den Gallica, deren Ursprung mindestens im 16. Jahrhundert anzusiedeln ist. Ein verzweigter, buschiger Strauch von etwa 1,2 m Höhe trägt im Hochsommer weiße, gestreifte und rosa gefleckte, halb gefüllte Blüten. Sie öffnen sich mit gewölbten Blütenblättern. Das Laub der Pflanze ist etwas anfällig für Mehltau und andere Krankheiten.

„Roseraie de l'Hay" gehört zur Rugosafamilie und trägt daher deren typisches gekräuseltes Laub, das gegenüber Krankheiten nahezu unempfindlich ist. Da das Laub der Pflanze bis zum Erdboden reicht, ist sie hervorragend als Hecke geeignet — ihre dornigen Stengel bieten zusätzlich einen guten Schutz. Es erscheinen weinrote, gefüllte Blüten mit süßestem Duft während des gesamten Sommers bis in den Herbst hinein.

„Sally Holmes" — ein zartes Meisterstück.

„Sally Holmes" Dieser von einem Amateur erstmalig gezüchtete Strauch ist breit, buschig und wird bis zu 1,2 m hoch. Er trägt wunderschöne dunkelgrüne Blätter, die einen interessanten Kontrast zu den großen, zartrosa Blüten bilden. Die Blüten verblassen bald zu einem dezenten Cremeweiß.

ALPHABETISCHES VERZEICHNIS

Bildnachweise:

Pat Brindley: 1, 6 (o, u), 7 (r), 8 (o, u), 11 (u), 13, 31, 32 (o, u), 34 (u), 35 (o), 37 (ul, ur), 38 (o), 39 (o, u), 43 (o, u), 45 (u), 46 (o, u), 47 (u).
Michael Gibson: 7 (l), 30 (u), 33 (l), 40 (l).
John Glover: 12 (u). Lynn und Derek Gould: 36 (r).
ICI: 26 (ol, u). S&O Mathews: 27 (ul).
Harry Smith Horticultural Photo Collection: Umschlag-Rückseite 28/29.
Michael Warren: Umschlag-Vorderseite, 4/5, 9 (o, u), 10, 11 (o), 12 (o), 22, 23 (o, u), 26 (or), 27 (ur), 30 (o), 32 (ur), 34 (o), 35 (u), 36 (l), 37 (o), 38 (u), 40 (r), 41 (u), 42, 44, 45 (o), 47 (o).

Zeichnungen: Simon Roulstone.